MIGRANTEN
SEBASTIÃO SALGADO

MIGRANTEN
SEBASTIÃO SALGADO

KONZEPTION UND DESIGN VON LÉLIA WANICK SALGADO

ZWEITAUSENDEINS

Deutsche Erstausgabe.
1. Auflage, Februar 2000.

Copyright © 2000 by Amazonas Images, Paris.
Fotografien, Einführung und Erläuterungen zu den Bildern
Copyright © 2000 by Sebastião Salgado.

Alle Rechte für die deutsche Ausgabe und Übersetzung
Copyright © 2000 by Zweitausendeins,
Postfach, D-60381 Frankfurt am Main. www.Zweitausendeins.de.

Alle Rechte vorbehalten, insbesondere das Recht der mechanischen, elektronischen oder
fotografischen Vervielfältigung, der Einspeicherung und Verarbeitung
in elektronischen Systemen, des Nachdrucks in Zeitschriften oder Zeitungen,
des öffentlichen Vortrags, der Verfilmung oder Dramatisierung, der Übertragung durch Rundfunk,
Fernsehen oder Video, auch einzelner Textteile.
Der *gewerbliche* Weiterverkauf und der *gewerbliche* Verleih von Büchern, Platten,
Videos oder anderen Sachen aus der Zweitausendeins-Produktion bedürfen
in jedem Fall der schriftlichen Genehmigung durch die Geschäftsleitung vom
Zweitausendeins Versand in Frankfurt.

Die Fotografien wurden mit einer LEICA R sowie LEICA M aufgenommen.

Die Mitarbeiter von Amazonas Images:
Lélia Wanick Salgado, Verlagsleitung; Françoise Piffard, Bildredaktion;
Marcia Navarro Mariano, Herstellung; Dominique Granier, Abzüge.
In Zusammenarbeit mit: Adrien Bouillon, Arbeitsabzüge, Bildbearbeitung;
Isabelle Menu, Abzüge; Mouna Mekouar, Assistenz; Sylvia Martins, Grafikassistenz.
Sowie (intern): Isabel D'Elia de Almeida und Rita Delorenzo Morais.

Aus dem Englischen von Waltraud Götting.

Lektorat der deutschen Ausgabe:
Ekkehard Kunze und Martin Weinmann (Büro W, Wiesbaden).
Satz und herstellerische Betreuung der deutschen Ausgabe:
www.AM-Design.de, Bernd Leberfinger + Dieter Kohler GmbH, Nördlingen.
Gesetzt aus der Garamond.
Duotone-Lithografie und Druck:
Entreprise d'arts graphiques Jean Genoud S.A.
Printed in Switzerland.

Dieses Buch gibt es nur bei Zweitausendeins im Versand,
Postfach, D-60381 Frankfurt am Main, Telefon 069-420 8000 oder
01805-23 2001, Fax 069-415 003 oder 01805-24 2001.

Internet www.Zweitausendeins.de, E-Mail info@zweitausendeins.de.
Oder in den Zweitausendeins-Läden in Berlin, Düsseldorf, Essen, Frankfurt,
Freiburg, 2x in Hamburg, in Hannover, Köln, Mannheim,
München, Nürnberg, Saarbrücken, Stuttgart.

In der Schweiz über buch 2000, Postfach 89,
CH-8910 Affoltern a. A.

ISBN 3-86150-327-1

Sebastião Salgado möchte
der Professional-Imaging-Abteilung
der Eastman Kodak Company
seinen besonderen Dank
für die Unterstützung ausdrücken,
die sie ihm im Rahmen ihrer
unermüdlichen Förderung des Bildjournalismus
bei der Arbeit an diesem Buch gewährt hat.

Dieses Buch erzählt die Geschichte einer in Bewegung geratenen Menschheit. Es ist eine beängstigende Geschichte, denn nur wenige Menschen geben aus freien Stücken ihre Wurzeln auf. Meist werden sie durch Umstände, die sich ihrem Einfluß entziehen – Armut, Unterdrückung oder Kriege –, in Migration, Flucht und Heimatlosigkeit getrieben. Sie nehmen mit, was sie tragen können, und schlagen sich durch, so gut es geht; auf maroden Schiffen, auf Güterwaggons festgezurrt, in Lastwagen gepfercht oder zu Fuß machen sie ihren Weg, einzelne, Familien oder Gruppen. Manche kennen ihr Ziel und hoffen auf ein besseres Leben. Andere sind einfach nur auf der Flucht und froh, noch am Leben zu sein. Viele werden es nicht schaffen.

Sechs Jahre lang habe ich in vierzig Ländern diese Menschen fotografiert, die aus ihrer Heimat geflohen sind – unterwegs, in den Lagern und in den städtischen Slums, oft die letzte Station ihrer Flucht. Für viele war es die schlimmste Zeit ihres Lebens. Sie waren verängstigt, unsicher und gedemütigt. Und doch ließen sie sich fotografieren, weil sie, so glaube ich, auf ihre Misere aufmerksam machen wollten. Wenn ich konnte, erklärte ich ihnen, daß dies auch mein Anliegen war. Viele stellten sich einfach hin und fingen an zu erzählen, als wäre die Kamera ein Mikrofon.

Die Erfahrungen, die ich im Laufe dieses Projekts machte, haben mich verändert. Schon früher hatte ich unter schwierigen Bedingungen gearbeitet. Meine politischen Überzeugungen, dachte ich, wüßten für viele Probleme einen Weg, und die Menschheit entwickle sich im Großen und Ganzen zum Guten. Auf das, was mich erwartete, war ich nicht vorbereitet. Was ich über das Wesen der Menschen und über die Welt, in der wir leben, gelernt habe, hat mein Bild von der Zukunft verdüstert.

Gewiß, es gab auch ermutigende Erlebnisse. Mir sind Würde, Mitgefühl und Hoffnung begegnet, wo man mit Wut und Bitterkeit gerechnet hätte. Ich habe Menschen getroffen, die alles verloren hatten und doch bereit waren, einem Fremden Vertrauen zu schenken. Ich sah mit großer Bewunderung, wie Menschen alles, auch ihr Leben, riskierten, um ihr Los zu verbessern. Die Fähigkeit der Menschen, sich auch an die schrecklichsten Bedingungen noch anzupassen, hat mich immer wieder in Erstaunen versetzt.

Aber allzu oft bin ich dem Überlebenstrieb, diesem stärksten aller menschlichen Instinkte, in der Maske von Haß, Gewalttätigkeit und Habgier begegnet. Angesichts der Massaker, die ich in Afrika und Lateinamerika, der ethnischen Säuberungen, die ich in Europa gesehen habe, frage ich mich, ob es den Menschen je gelingen wird, ihre dunkelsten Instinkte zu beherrschen.

Noch nie ist für mich so deutlich geworden, wie eng alles, was heute in der Welt geschieht, miteinander verflochten ist. Die tiefer werdende Kluft zwischen Arm und Reich, die allgemeine Verfügbarkeit von Information, das Bevölkerungswachstum in der Dritten Welt, die Automatisierung der Landwirtschaft, die ausufernde Urbanisierung, die Umweltzerstörung und nationalistischer, ethnischer und religiöser Fanatismus gehen uns alle an. Die Menschen, die aus ihrer Heimat gerissen werden, sind nur die sichtbarsten Opfer einer globalen Erschütterung, die wir selbst und niemand sonst ausgelöst haben.

In diesem Sinne erzählt das Buch die Geschichte unserer Zeit. Die Fotografien fangen tragische, dramatische und heroische Momente im Leben einzelner ein. Nebeneinander gestellt ergeben sie ein erschütterndes Bild unserer Welt zur Jahrtausendwende.

Migrationsbewegungen hat es immer gegeben, aber was gegenwärtig geschieht, ist etwas anderes. Für mich sind diese weltweiten Völkerwanderungen eine ähnliche historische Zäsur wie der Übergang vom Mittelalter zur Neuzeit. Lebensweise, Produktion, Kommunikation, Verstädterung und Reisegewohnheiten sind revolutionären Veränderungen unterworfen. Nun sind wir wirklich in der Moderne angekommen, denn die Urbanisierung hat inzwischen fast alle Bewohner der Erde erfaßt. Wir sind eine Welt geworden: überall auf dem Erdball werden Menschen vertrieben – im Wesentlichen immer wieder aus den gleichen Gründen.

In Lateinamerika, Afrika und Asien hat die Armut die Landbevölkerung zu Hundertmillionen gezwungen, ihre Heimat zu verlassen. Und sie drängt in monströse, kaum bewohnbare Großstädte, die sich ebenfalls im Wesentlichen gleichen. Weitere Millionen sind aus politischen Gründen vor kommunistischen Regimes geflohen. Der Zusammenbruch des Kommunismus in Ost- und Mitteleuropa hat eine Wanderungsbewegung unter denjenigen ausgelöst, die gewillt waren, ein neues Leben zu beginnen. Mit der neuen politischen Weltordnung bringen ethnische und religiöse Konflikte Heerscharen von Flüchtlingen und heimatlos gewordenen Menschen hervor. Städtisches Leben lernen viele dieser Menschen im Lager kennen.

Um die vier Hauptthemen zu illustrieren, haben wir das Buch in vier Kapitel gegliedert: der Weg von Migranten, Flüchtlingen und Vertriebenen in verschiedenen Teilen der Welt; die beispiellose Tragödie Afrikas; die Abwanderung der ländlichen Bevölkerung, der Kampf der Landlosen und die chaotischen Zustände in den Großstädten Lateinamerikas; die neuen Megastädte Asiens. Es liegt allerdings in der Natur dieses Projekts, daß die Bilder der einzelnen Kapitel ihren Widerhall in den anderen finden. Wie ähnlich sich die Menschen doch überall sind, fällt mir immer wieder auf.

Wahrscheinlich hat mich mein eigenes bewegtes Leben zu diesem Projekt animiert. Ich wurde in einem Dorf im ländlichen Staat Minas Gerais in Brasilien geboren; als ich fünf war, zog meine Familie in die Kleinstadt Aimorés; als Teenager ging ich nach Vitória, der Hauptstadt des Bundesstaates Espírito Santo, um dort die Schule zu beenden und mit dem Studium zu beginnen; und nachdem ich meine Frau Lélia kennengelernt hatte, zogen wir in eine Großstadt, São Paulo, wo ich Wirtschaftswissenschaften studierte. Mit jedem Schritt geriet ich tiefer in das Dickicht der Städte. 1969, in Brasilien herrschte die Militärdiktatur, gingen wir nach Europa, wo wir das Leben von Flüchtlingen führten, von Immigranten, von Studenten – von allem ein bißchen. Drei Jahrzehnte später leben wir immer noch in einem fremden Land.

So ist es nicht verwunderlich, daß ich mich mit Migranten, mit Menschen, die fern ihrer Heimat ein neues Leben aufzubauen versuchen, identifizieren kann, daß sie mir fast wie heimliche Verbündete vorkommen. Der salvadorianische Kellner in Los Angeles, der pakistanische Ladenbesitzer in Nordengland, der senegalesische Arbeiter auf einer Baustelle in Paris – sie alle verdienen unseren Respekt: jeder von ihnen hat seinen ureigenen, persönlichen Weg zurückgelegt, bis er da anlangte, wo er jetzt ist, jeder hat das seine zur Neuformierung der Menschheit beigetragen, jeder ist ein unverzichtbarer Teil unserer Geschichte.

Aber dieses Buch hat auch in früheren Projekten seine Wurzeln – meine Reisen durch Lateinamerika, Afrika und Asien, meine Beschäftigung mit den vielfältigen Formen der Handarbeit, die im postindustriellen Zeitalter allmählich verschwindet. Eine Erfahrung machte ich überall in der Dritten Welt, wohin ich auch kam: Wenn die Armut erdrückend wird, brechen die Menschen zu neuen Zielen auf. Die meisten drängen in die Großstädte, abenteuerlichere Naturen zieht es in die Ferne in wohlhabendere Staaten. Und mit der Zeit haben sie die Städte und Länder verändert, in denen sie sich niederließen; Städte in der Dritten Welt sind verslumt; Teile der Vereinigten Staaten wurden hispanisiert, indische Einwanderer haben sich in reichen Ländern der arabischen Welt zu einer neuen Unterschicht formiert, arme Moslems aus Nordafrika und der Türkei haben den Islam in Westeuropa verankert.

In Afrika war mir schon in den siebziger Jahren das Flüchtlingselend in seiner grauenvollsten Gestalt begegnet, in Äthiopien und im Sudan, wo Kriege in Verbindung mit Dürrekatastrophen Hunderttausenden von Menschen den Hungertod gebracht haben. Nur die Glücklichsten haben es bis in die Flüchtlingslager geschafft, sind dort gestrandet, ohne die geringste Aussicht, je ihre Lage verändern oder gar in ihre Heimat zurückkehren zu können. Afrika geriet immer hoffnungsloser in einen mörderischen Kreislauf aus Kriegen, Flucht und Hunger. Ich habe es in Angola und Mosambik, im Tschad, in Äthiopien und

Eritrea gesehen, und auch in Liberia, Somalia und Sierra Leone lagen die Dinge nicht anders. Die Liste ließe sich fortsetzen. Aber ich hätte nie gedacht, daß sich der Alptraum zwei Jahrzehnte später auf dem Balkan, mitten in Europa, wiederholen würde.

Im Zuge dieses Projekts habe ich viele Städte zum ersten Mal in meinem Leben besucht. Wo ich aber früher schon gewesen war, machte ich die deprimierende Beobachtung, daß sich die Dinge fast immer zum Schlechteren entwickelt hatten.

Ich hatte São Paulo seit dreißig Jahren nur noch flüchtige Besuche abgestattet. Jetzt erkannte ich die Stadt kaum wieder. Sie hatte sich durch Zuwanderung und soziale Ungerechtigkeit in eine Enklave der Gewalt, Straßenkriminalität und Armut verwandelt. Am anderen Ende Brasiliens, mitten im Amazonasbecken, hatten die Yanomami-Indianer noch in den achtziger Jahren ein von der Außenwelt abgeschiedenes Stammesleben geführt. Als ich 1998 dorthin zurückkehrte, war ihr Lebensraum durch das Vordringen der Gold-, Diamanten- und Erzschürfer weitgehend zerstört. Ihre Flüsse sind mit Quecksilber vergiftet, und ihr Land ist mit Industrieabfällen überzogen. Die Yanomami waren zur zivilisatorischen Assimilierung gezwungen.

Wohin ich auch kam, überall machten sich die Folgen der Revolution auf dem Informationssektor bemerkbar. Ein knappes halbes Jahrhundert früher hatte die Welt noch behaupten können, sie hätte vom Holocaust „nichts gewußt". Heute ist Information oder zumindest der Schein der Information für jeden verfügbar. Aber wir können nicht immer voraussagen, welche Konsequenzen sich aus diesem „Wissen" ergeben. Von den Massakern in Ruanda und von den Massenvertreibungen der Bosnier, Serben und Albaner erfuhr die Welt durch das Fernsehen fast in dem Augenblick, als sich diese Ereignisse abspielten, aber deshalb nahm der Schrecken doch kein Ende. Wenn andererseits Nordafrikaner französische Fernsehprogramme empfangen können, Mexikaner US-amerikanische Sendungen sehen, Albaner italienisches Fernsehen und Vietnamesen BBC und CNN empfangen, wird ihnen der demonstrative Konsum so deutlich vor Augen geführt, daß man ihnen kaum verübeln kann, wenn sie vom Auswandern träumen.

Information ist zwar das offensichtlichste Bindeglied zwischen Ursache und Wirkung von Migration, aber keineswegs das einzige. Ich war oft erstaunt, welche Umstände in einer bestimmten Krisensituation aufeinandertrafen. Nachdem der Wirbelsturm Mitch 1998 über Mittelamerika hinweggefegt war, besuchte ich ein Dorf in Honduras, das durch Überflutungen und Erdrutsche zerstört worden war. Ich erkundigte mich bei den Dorfbewohnern, ob es der schlimmste Sturm gewesen sei, den sie je erlebt hatten. Ein paar ältere Leute erinnerten sich an einen ähnlich starken Wirbelsturm in den dreißiger Jahren. Er hatte allerdings, wie sie sagten, wesentlich weniger Schaden angerichtet, weil die umliegenden Berghänge damals noch mit Bäumen bewachsen waren, die verhindert hatten, daß das Wasser den Boden auswaschen konnte. Daß 1998 aus einem Naturereignis eine Tragödie wurde, ist also menschengemacht.

Und auch wenn den Goldschürfern gar zu gern die Alleinschuld zugeschoben wird an der allmähliche Ausrottung der brasilianischen Indianer, ganz so einfach sieht die Wirklichkeit nicht aus. Die meisten dieser Leute sind verarmte Bauern, die in einem Staat, in dem es riesige, brachliegende Ländereien in Privatbesitz gibt, kein Land zum Bearbeiten haben. Schuld am Exodus der Landbevölkerung sind in Brasilien wie in vielen anderen lateinamerikanischen Ländern die Konzentration des Grundbesitzes und die Automatisierung der Landwirtschaft. Die ungerechte Verteilung des Grundbesitzes ist durch das ökonomische und politische System dieser Länder zementiert, das den Status quo aufrechterhält. Ein Problem ergibt sich aus dem anderen, eine Kettenreaktion findet statt. Alles ist miteinander verzahnt, kein Problem kann für sich allein gelöst werden.

Beispielsweise hätte es mich nicht überraschen dürfen, daß sich die Verhältnisse in São Paulo und Mexico City so ähnelten. Beide Städte haben eine „Invasion" der verarmten Landbevölkerung erlebt, und beide waren unfähig, darauf angemessen zu reagieren. In São Paulo heißen die neu entstandenen Slums „Favelas", in Mexico City nennt man sie „Ciudades Perdidas", aber sie gleichen sich aufs Haar: Baracken aus Brettern und Wellblech, wacklige Pfosten mit Drähten, über die der Strom von den Hauptleitungen illegal abgezapft wird, Kinder, die zwischen Bergen von Unrat auf einem schlammigen oder staubtrockenen Platz Fußball spielen. Auch die Straßenkinder, die in den Hauseingängen Klebstoff schnüffeln, ähneln einander. Und wäre da nicht die hohe Kriminalitätsrate in beiden Städten, würde die Minderheit der Reichen die verelendete Masse nicht einmal wahrnehmen.

Nach dem, was ich in Lateinamerika erlebt hatte, erschienen mir die ausufernden Großstädte Asiens eigenartig vertraut. Es gibt Unterschiede: In São Paulo und Mexico City herrscht größere Gewaltbereitschaft, aber in Asien macht sich die Umweltzerstörung gravierender bemerkbar. Manchmal weiß ich gar nicht mehr, wo ich gerade bin. Kairo? Jakarta? Mexico City? Überall gibt es inmitten der Armut Inseln des Reichtums. Manila besitzt ausgedehnte Grünflächen; sie sind aber keine öffentlichen Parks, sondern private Golfclubs. Überall derselbe Kampf der Millionen Neuzugezogenen um ein Dach über dem Kopf, einen sicheren Job, einen Schulplatz für die Kinder, einen Termin in einer der völlig überlaufenen Ambulanzen. Und überall gibt es unübersehbare Scharen von Menschen, deren Lage so verzweifelt ist, daß ihnen nur noch das Betteln bleibt.

Wenigen Glücklichen bietet sich die Alternative, in ein Land auszuwandern, in dem sie nach ihrer Vorstellung ein besseres Leben haben werden. Die Mehrzahl der Armen dieser Welt träumen vermutlich davon, in die Vereinigten Staaten zu gehen. Und viele tun es. Einige, wie die russischen Juden, die ich auf ihrem Flug von Moskau nach New York begleitete, haben sogar ein gültiges Visum. In einem noch ferneren Land, in Vietnam, bewegt die Hoffnung auf ein Einreisevisum die Menschen, täglich zu Hunderten vor der US-Botschaft in Ho-Chi-Minh-Stadt, dem ehemaligen Saigon, Schlange zu stehen; aber nur diejenigen, die im Vietnamkrieg mit den Amerikanern kooperierten, haben Aussicht auf Erfolg. Die „Boatpeople", die in den achtziger Jahren den Seeweg wagten, wollten nicht warten. Sie wollten aus Vietnam entkommen und die USA erreichen, aber die Überlebenden strandeten in anderen asiatischen Ländern oder endeten in den Gefängnissen von Hongkong.

Lateinamerikaner haben immerhin die Möglichkeit, von Mexiko aus zu Fuß über die Grenze in die Vereinigten Staaten zu gelangen. Es ist nicht leicht, aber Millionen haben es versucht, und Millionen haben es geschafft. Es sind die Entschlossensten und Kühnsten, die dieses Wagnis auf sich nehmen. Mittelamerikaner müssen erst einmal ganz Mexiko durchqueren. Ein Ausgangspunkt für diese Reise ist der Güterzug, der morgens an der Grenze zwischen Guatemala und Mexiko Richtung Norden abfährt. Ich bin ein Stück mit diesem Zug gefahren und war erschüttert, wie jung die Migranten waren, Teenager oftmals, die absolut überzeugt waren, die Vereinigten Staaten zu erreichen. Einige kehrten nach einem Urlaub in ihrem Heimatland El Salvador nach Kalifornien zurück. Ein Mann war auf dem Rückweg zu seiner Arbeitsstelle in Alaska.

Aber die illegale Einreise in die USA wird immer schwieriger. Die Grenzpatrouillen bedienen sich immer modernerer technischer Hilfsmittel, um Einwanderer aufzuspüren, die im Schutz der Dunkelheit die Grenze überqueren wollen. Viele werden entdeckt und ohne einen Pfennig in der Tasche nach Mexiko zurückgeschickt. Sie haben einen Schlepper bezahlt, damit er sie über die Grenze bringt, und dieses Geld ist nun verloren. Aber sie versuchen es immer wieder, und die Grenzpolizisten sind meist verständnisvoll. Viele von ihnen gehören zur ersten Generation von Amerikanern mexikanischer Herkunft, deren Eltern einst wahrscheinlich selbst als illegale Einwanderer in die USA gelangt sind.

Für die Menschen in Afrika und im Nahen Osten ist Westeuropa das begehrte Ziel. Nicht anders als die Vereinigten Staaten versucht auch Europa, sich die Immigranten aus der Dritten Welt vom Hals zu halten. Aber der Strom der Einwanderer hält unvermindert an. Iraker, Afghanen, Chinesen und Kurden wählen meist die Route durch die Türkei, für die Menschen aus Nord- und Westafrika führt der schnellste Weg über Spanien.

Manche schaffen es bis in die spanischen Enklaven Ceuta und Melilla in Nordmarokko und stranden hier. Viele bringen aber auch das Geld für einen Platz auf einem der winzigen, überfüllten Boote auf, die im Schutz der Dunkelheit die Straße von Gibraltar überqueren, ein gefährliches Unterfangen, weil es hier unberechenbare Strömungen und plötzlich aufziehende Stürme gibt. Wer Spanien erreicht, findet vielleicht Arbeit als Erntehelfer, andere setzen ihren Weg nach Frankreich fort. Einige werden nur noch als Leichen an Land gespült. Irgendwo warten Eltern auf ein Lebenszeichen von ihnen. Vielleicht beklagen sie sich, daß man sie vergessen habe, während ihre Söhne längst in namenlosen Gräbern liegen.

Nicht wenige werden von spanischen Grenzpatrouillen aufgegriffen. Als ich mich eines Nachts an Bord eines spanischen Zollhubschraubers befand, erfaßte dessen Suchscheinwerfer ein Boot mit Einwanderern. Mein Herz schlug für diese Menschen. Ich versuchte mir die vierzig individuellen Schicksale auszumalen, die in diesem Augenblick kollektiver Angst und Enttäuschung gipfelten. Für Spanien waren sie dagegen nur eine Bootsladung anonymer Einwanderer, die ihren Fuß, jedenfalls für dieses Mal, nicht auf europäischen Boden setzen würden.

Flüchtlinge und Vertriebene träumen, anders als Migranten, nicht von einem besseren Leben. Sie sind im allgemeinen gewöhnliche Leute – „unschuldige Zivilisten" im diplomatischen Sprachgebrauch –, die ein unauffälliges Leben als Bauern, Studenten oder Hausfrauen geführt haben. Erst Unterdrückung oder Krieg haben ihre Lebenswege zusammengeführt. Von heute auf morgen haben sie ihr Heim, ihre Arbeit und nicht selten Freunde und Familie verloren und werden auch noch ihrer Identität beraubt. Sie werden zu Menschen auf der Flucht, zu Gesichtern in Fernseh- und Fotoreportagen, zu Nummern in einem Flüchtlingslager, zu endlosen Warteschlangen bei der Essensausgabe. Ihr Los läuft auf einen grausamen Handel hinaus: Um zu überleben, müssen sie ihre Würde aufgeben.

Nur selten gelingt es ihnen, ihr Leben wieder in geregelte Bahnen zu lenken. Wie zuvor wird es aber nie wieder. Manche werden auf Dauer zu Flüchtlingen, zu Lagerbewohnern auf Lebenszeit, wie die Palästinenser im Libanon. Ihr Leben gewinnt eine gewisse Stabilität, aber als Opfer der Politik bleiben sie abhängig von politischen Einflüssen. Einige könnten nach Hause zurückkehren, tun es aber nicht, weil sie sich ein neues Leben aufgebaut haben, das ihnen mehr Sicherheit bietet. Andere, die sich wieder in ihrem Heimatland niederlassen, haben sich verändert, sind vielleicht politisierter, ganz sicher aber urbanisierter als zuvor.

Was immer aus ihnen wird, sie alle müssen gezwungenermaßen mit dem leben, was sie über die menschliche Natur gelernt haben. Sie haben miterlebt, wie Freunde und Verwandte gefoltert oder ermordet wurden oder spurlos verschwanden, sie haben in Kellern gekauert, während ihre Städte zerbombt wurden, sie haben mitansehen müssen, wie ihre Häuser niedergebrannt wurden. Ich habe lachende und fußballspielende Kinder in Flüchtlingslagern gesehen und mich gefragt, welche verborgenen inneren Wunden sie davongetragen haben. Flüchtlinge haben nur selten Einfluß auf die politischen, ethnischen oder religiösen Konflikte, die zu Greueltaten eskalieren. Wie können sie Trost finden, da sie die schlimmste Seite des Menschseins kennengelernt haben?

Die Menschen, denen ich auf dem Balkan begegnet bin, befanden sich in einem Zustand der Orientierungslosigkeit, sie standen wie unter Schock. In dieser Gegend hatten Menschen verschiedener ethnischer Herkunft und religiöser Überzeugung zusammenzuleben gelernt, so schien es jedenfalls. Mischehen waren üblich. Aber der Fanatismus brauchte nur wenige Jahre, um diese Welt zu zerschlagen. Und während politische Führer, Generäle und ausländische Diplomaten ihre Machtspiele exerzierten, wurden Millionen aus ihrer Heimat vertrieben: Kroaten und Moslems aus Bosnien, Serben aus Kroatien und in jüngster Zeit Roma, Albaner und Serben aus dem Kosovo. Es war zutiefst deprimierend und erfüllte mich mit einem Gefühl der Hilflosigkeit, zu sehen, wie sich die Szenen glichen.

Hilflosigkeit war auch das Gefühl, das mich in Afrika auf Schritt und Tritt begleitete. War ich früher einmal überzeugt, daß eine bewaffnete Revolution gerechtfertigt sein könne, so hatten mich meine Erfahrungen im angolanischen Bürgerkrieg vor 25 Jahren eines Besseren belehrt. Es war ein im Namen von Ideologien ausgefochtener Konflikt des Kalten Krieges, in dem die Sowjetunion über Kuba die eine Seite unterstützte und die westliche Welt über Südafrika die andere, aber in Wirklichkeit war das Ganze nichts anderes als eine

Demonstration des Zynismus. Als ich 1997 wieder nach Angola kam, schwelte der Krieg immer noch, nach wie vor waren seine Opfer vor allem die Zivilisten. Auch die politischen Führer waren dieselben geblieben, mit dem einen entscheidenden Unterschied: Dieselben Leute, die früher mit idealistischen Parolen um sich geworfen hatten, lebten jetzt gänzlich von einem korrupten System. Ich besuchte zum ersten Mal seit zehn Jahren den Süden des Sudan, nur um festzustellen, daß auch dort die Zahl der Kriegsopfer so hoch war wie eh und je. In einigen Regionen war der Sudan zu einem Land der Waisen geworden.

In den siebziger Jahren hatte ich mich eine Zeitlang in Mosambik aufgehalten, wo damals der Bürgerkrieg tobte. Hier immerhin konnte ich Zeichen des Fortschritts erkennen. Unter dem Eindruck des von den Vereinten Nationen überwachten Friedensabkommens schienen sich die Verhältnisse zu stabilisieren, und Flüchtlinge strömten zu Hunderttausenden aus Malawi und Südafrika in ihre Heimat zurück. Aber für viele waren die Lager zur „Heimat" geworden. Sie hatten sich daran gewöhnt, in einer Gemeinschaft zu leben, in der sie bei aller drangvollen Enge immerhin Schulen, Krankenstationen, Wasser und genug zu essen hatten. Sie waren urbanisiert. Und als sie jetzt nach Mosambik zurückkehrten, hatten sie kein Interesse mehr am dörflichen Leben und der Landwirtschaft. Am Sambesi bin ich einer Frau begegnet, die einen Säugling auf dem Rücken trug. Ihr Ziel, erklärte sie mir, war Maputo, 1200 Kilometer entfernt.

In Zentralafrika hatte sich die Lage in jeder Hinsicht verschlechtert. Bei meinem ersten Besuch als Wirtschaftswissenschaftler im Jahr 1971 war Burundi bereits von gewalttätigen ethnischen Auseinandersetzungen erschüttert, in Ruanda zeichnete sich jedoch eine positive Entwicklung ab. Und doch wurde Ruanda 1994 zum Schauplatz des grausamsten Völkermordes unseres Jahrhunderts, eines Verbrechens, an dem mehrere europäische Staaten Mitverantwortung trugen. Nach den Massakern der Hutu an der Tutsi-Bevölkerung zwang die Machtübernahme der Tutsi Hunderttausende von Hutu zur Flucht in die Nachbarländer Zaire (heute République démocratique du Congo), Tansania und Burundi. In den Flüchtlingslagern breiteten sich Krankheiten aus, die wieder Tausende von Menschen dahinrafften. Bulldozer haben die Leichenberge in Massengräber geschoben. Das Ausmaß des Schreckens scheint die Menschen gleichgültig gegen den Tod gemacht zu haben. Ich habe einen Mann mit einem Bündel im Arm gesehen, der sich angeregt mit einem anderen Mann unterhielt. Als er das Massengrab erreicht hatte, warf er den leblosen Körper seines Kindes auf den Leichenberg und ging, immer noch plaudernd, davon.

Als ich 1997 wieder im Land war, wo die von Tutsi unterstützten Rebellen mittlerweile einen erfolgreichen Feldzug gegen Mobutus dreißigjährige Diktatur begonnen hatten, waren Hundertausende von Hutu in den zentralafrikanischen Dschungel geflohen. Die Weltöffentlichkeit verlor sie aus den Augen. Als ich sie fand, war ihr Elend unbeschreiblich. Viele – wer weiß, wieviele? – waren ermordet worden oder an Hunger und Krankheiten gestorben. Ihr Überlebensinstinkt hatte sie nicht verlassen. Mitten in dieser apokalyptischen Szene begegnete ich einem Mann, der mit einem dicken Bündel Dollarscheinen wedelte und seine Dienste als Geldwechsler anbot: Es gab nichts zu essen, aber Geld war immer noch zu machen.

Man könnte sagen, daß die Bilder in diesem Buch nur die dunkle Seite der Menschheit zeigen. Ein paar Lichtblicke sind dennoch auszumachen in dieser globalen Finsternis. Beispielsweise können Hilfsorganisationen in Flüchtlingslagern und Elendsvierteln überall in der Welt tätig werden, weil sie von den Bürgern unterstützt werden. Zugleich trifft es auch zu, daß die Öffentlichkeit im Westen sicherlich durch die erschütternden Fernsehbilder von brennenden Dörfern und Massakerschauplätzen bewegt wurde, die NATO-Interventionen in Bosnien und im Kosovo zu befürworten. Aber der Westen hat auch die Greuel in Ruanda mitangesehen und nichts unternommen, dem Morden ein Ende zu setzen. Gut und Böse sind heute untrennbar geworden, weil wir über beide Seiten Bescheid wissen.

Aber reicht es aus, informiert zu sein? Sind wir dazu verurteilt, die Rolle von Zuschauern einzunehmen? Können wir den Lauf der Dinge verändern?

Ich habe keine Antworten. Aber ich bin überzeugt, daß es Antworten geben muß, daß die Menschen fähig sind, die politischen, wirtschaftlichen und gesellschaftlichen Kräfte, die sie rund um den Erdball entfesselt haben, zu durchschauen und sogar zu lenken. Können wir uns darauf berufen, daß unsere Bereitschaft zum Mitfühlen erschöpft ist, wenn doch unsere Konsumbereitschaft nie erlahmt? Wollen wir wirklich nichts gegen die fortschreitende Zerstörung unseres Lebensraums in den Städten wie in der Natur tun? Wollen wir untätig zusehen, wie der Wohlstand in reichen wie in armen Ländern die Zweiteilung in unserer Gesellschaft verschärft? Wir dürfen es nicht.

Ich habe die Hoffnung, daß wir als Individuen, als Gruppen und als Gesellschaften innehalten und über die Lage der Menschheit zur Jahrtausendwende nachdenken werden. Die zwei bestimmenden Ideologien des 20sten Jahrhunderts – Kommunismus und Kapitalismus – sind im Großen und Ganzen gescheitert. Die Globalisierung wird uns als Wirklichkeit präsentiert, nicht aber als Lösung. Die Lösung wird auch nicht Freiheit lauten, jedenfalls solange Freiheit nicht mit Verantwortung, sozialem Denken und Rücksichtnahme verbunden ist. Individualismus ist in seiner nackten Form ein Rezept, das in die Katastrophe führt. Was wir brauchen, ist eine neue Form des Zusammenlebens.

Mehr denn je bin ich überzeugt, daß die Menschen eins sind. Es gibt unterschiedliche Hautfarben, Sprachen, Kulturen und Chancen, aber in ihren Gefühlen und in ihrem Handeln sind sich die Menschen so ähnlich. Sie fliehen vor Kriegen, um dem Tod zu entgehen, sie wandern aus, um ein besseres Los zu finden, sie bauen sich in fremden Ländern ein neues Leben auf, sie passen sich den härtesten Bedingungen an. Überall setzt sich der Überlebenstrieb des Menschen durch. Nur als Spezies scheinen wir unbeirrbar unsere Selbstzerstörung zu betreiben.

Vielleicht sollte an diesem Punkt das Nachdenken einsetzen: daß unser Leben gefährdet ist. Die Jahrtausendwende ist nur ein Datum im Kalender einer der Weltreligionen, aber wir können die Gelegenheit zu einer Bestandsaufnahme nutzen. Wir halten den Schlüssel zur Zukunft der Menschheit in Händen, aber wir müssen uns zuerst Rechenschaft über die Gegenwart ablegen. Diese Fotografien zeigen einen Teil unserer Gegenwart. Wir können es uns nicht leisten, den Blick abzuwenden.

Sebastião Salgado, Paris, Juli 1999

DANK

Während der Arbeit an den Reportagen über den weltweiten Niedergang der körperlichen Arbeit, deren Ergebnisse in dem Buch *Arbeiter* zusammengefaßt sind, war es für Sebastião Salgado beeindruckend zu erleben, wie politisch instabile Verhältnisse und ökonomische Veränderungen Völkerwanderungen von gewaltigen Ausmaßen auslösten. Die Not dieser Menschen – vor allem Migranten und Flüchtlinge – ging Sebastião sehr nah. Immer, wenn er nach Paris zurückkam, führten wir lange Diskussionen über dieses oft tragische Phänomen. Allmählich wurde uns klar, daß wir das Leben dieser Menschen zum zentralen Thema unseres nächsten Arbeitszyklus machen wollten.

1992 begannen wir mit den Recherchen, und mit den zusammengetragenen Informationen und der Hilfe unseres Freundes René Lefort konnten wir die Arbeit strukturieren und ein offizielles Exposé des geplanten Projekts erstellen, für das Sebastião sechs Jahre lang auf Reisen ging. Das Jahr 2000, die Jahrtausendwende, schien uns der richtige Zeitpunkt, die Ergebnisse seiner Arbeit zu veröffentlichen.

Um dieses Projekt durchführen zu können, bedurfte es eines komplexen organisatorischen Systems. Gemeinsam gründeten Sebastião und ich 1994 in Paris die Fotoagentur Amazonas Images, deren Aufgabe es sein sollte, seine Arbeit zu koordinieren und, direkter noch, dieses Projekt zu strukturieren und voranzutreiben.

Fast von Anfang an wandten wir uns an die Zeitschriften, die uns bei der Veröffentlichung von *Arbeiter* unterstützt hatten. Ihnen stellten wir unser neues Projekt vor und erhielten nicht nur von den meisten von ihnen, sondern auch von einigen anderen Rückenstärkung. Sie alle trugen durch die Veröffentlichung einzelner Reportagen, die sich aus Sebastiãos Arbeit ergaben, zum Zustandekommen dieses Buchs bei, weil uns ihr Engagement einen Teil der Mittel einbrachte, die wir zur Finanzierung des Projekts benötigten. Viele dieser Reportagen machten deutlich, daß Sebastiãos Arbeit sehr stark mit dem aktuellen Zeitgeschehen verknüpft und daher ebenso zur direkten Veröffentlichung bestimmt war wie zur späteren Verwendung in diesem Buch.

Für ihr Engagement möchten wir uns bei folgenden Zeitschriften bedanken: *Rolling Stone* (USA); *The New York Times Sunday Magazine* (USA); *Paris Match* (Frankreich); *Stern* (Deutschland); *El Pais Semanal* (Spanien); *Folha de São Paulo* (Brasilien); *Visão* (Portugal); *Nieuwe Revu* (Niederlande); *Vrij Nederland* (Niederlande) und „D" di la Repubblica (Italien).

Amazonas Images kam die Aufgabe zu, diese Publikationen zu „bedienen". Wir verfolgten in Paris die Nachrichten und stellten Recherchen an, die für Sebastiãos Reisen wichtig waren. Er hatte für das Exposé einen allgemeinen Plan der Route vorbereitet, aber oft war Flexibilität vonnöten. Nach einer gemeinsamen Reise nach Brasilien beispielsweise kehrte ich Anfang 1994 nach Paris zurück, während Sebastião wenige Stunden später nach Johannesburg flog. Er hatte die Absicht, eine Gruppe von Flüchtlingen aus Mosambik zu treffen, die in ihre Heimat zurückkehren wollten. Bei meiner Ankunft in Paris erfuhr ich, daß in Ruanda eine Welle ethnischer Gewalt ausgebrochen war und daß Hunderttausende von Menschen auf der Flucht ins benachbarte Tansania waren. Ich hinterließ umgehend eine Nachricht für Sebastião am Flughafen von Johannesburg. Nachdem wir telefoniert hatten, änderte er seine ursprünglichen Pläne und brach nach Tansania auf. In diesem Fall spielte der Zeitfaktor eine noch wichtigere Rolle als sonst.

Er schickte seine Filme aus allen Teilen der Welt nach Paris, wo sie entwickelt wurden. Wenn es die Aktualität der Ereignisse erforderte, wie im Fall des Völkermords in Ruanda, übernahm Amazonas Images die Redaktion und den Druck, so daß die Reportagen innerhalb von zwei bis drei Tagen bei unseren Zeitschriftenpartnern eintrafen.

Um sicherzustellen, daß Sebastiãos Fotografien eine möglichst große Öffentlichkeit erreichten, wählten wir eine Reihe von Presse- und Bildagenturen, die uns in aller Welt repräsentierten. Ihnen danken wir für ihre Professionalität und Kooperationsbereitschaft: Focus Presseagentur (Deutschland); ABC Press (Niederlande); PPS (Japan); Network (Großbritannien); Contrasto (Italien); Scanpix (Norwegen); Apeiron (Griechenland) und Contact Press Images (Frankreich, Spanien und USA).

Uns war es immer wichtig, den Hilfsorganisationen, die in den jeweiligen Krisensituationen humanitäre Aufgaben übernommen hatten, Kopien von Sebastiãos Reportagen zur Verfügung zu stellen, und sie versorgten Sebastião mit Informationen und gaben ihm logistische Unterstützung. Insbesondere möchten wir in diesem Zusammenhang danken: dem Flüchtlingskommissariat der Vereinten Nationen; der International Organization of Migration; Médecins Sans Frontières; Unicef; Norwegian People Aid; Christian Aid and Save the Children Foundation, Großbritannien.

Die Eastman Kodak Company, deren Unterstützung schon bei dem Buch *Arbeiter* von unschätzbarem Wert war, hatte auch diesmal Vertrauen in unser Projekt. Wir danken Guy Bourreau vom Professional Department bei Kodak France, der uns alles für die Reportagen und Ausstellungen benötigte Filmmaterial und Fotopapier zur Verfügung gestellt hat.

Großzügige Unterstützung erfuhren wir bei diesem Projekt auch von der Firma Leica, die Sebastião nicht nur Kameras zur Verfügung stellte, sondern auch bereitwillig die Reparatur der Kameras übernahm, die während seiner Reisen beschädigt wurden. Unser besonderer Dank gilt Yvon Plateau, unserer langjährigen Kontaktperson bei Leica-France, sowie H. G. von Zydowitz und Ralph Hagenauer von Leica Deutschland.

Maison Européenne de la Photographie in Paris erwarb alljährlich eine Reihe von Fotos, nicht nur, um die bestehende Sammlung zu ergänzen, sondern auch in der Absicht, das Projekt zu unterstützen und voranzutreiben. Für das uns entgegengebrachte Vertrauen sind wir außerordentlich dankbar.

Amazonas Images hat die Herausgabe von *Exodes* übernommen. Dabei half uns die Erfahrung, die wir durch die Arbeit an Sebastiãos Reportagen, bei der Redaktion und Herstellung seines Buchs *Terra* und der Durchführung zahlreicher Ausstellungen seiner Fotografien in aller Welt gesammelt haben. Aber letztendlich wäre die Publikation dieses Buchs (beziehungsweise der daraus entstandenen zwei Bücher) nicht möglich gewesen ohne das Können und das Engagement des großartigen Teams, das sich in unserer Agentur zusammengefunden hat.

Marcia Navarro Mariano, die seit vielen Jahren mit uns zusammenarbeitet, war wieder einmal der unentbehrliche Mittelpunkt der gesamten Koordination. Françoise Piffard hat für Contact Press Images und Magnum Photos in New York gearbeitet, bevor sie 1994 zu uns stieß und ihr geübtes Auge als Bildredakteurin sowie ihre ganze Presse- und PR-Erfahrung mitbrachte. Dominique Granier zeigte bei den Abzügen ein untrügliches künstlerisches Gespür. Wir möchten uns auch bei den Fototechnikern bedanken, die in ihren Qualitätsansprüchen keine Kompromisse kannten: Isabelle Menu, Pascal Bois und Adrien Bouillon, die Fachleute bei der Bildbearbeitung; Didier Carré und das Labor Imaginoir et Pictorial, die für die Entwicklung der Bilder zuständig waren. Und wir danken Sylvia Martins, die ihre Computerkenntnisse bereitwillig an die Assistentinnen Isabel D'Elia de Almeida und Rita Delorenzo Morais weitergegeben hat.

Wir sind stolz auf die Kooperation mit den Verlagen, die dieses Buch zusammen mit uns in verschiedenen Ländern herausbringen: Aperture Foundation in den Vereinigten Staaten, Éditions de la Martinière in Frankreich; Companhia das Letras in Brasilien; Contrasto/Leonardo Arte in Italien; Editorial Caminho in Portugal; Zweitausendeins in Deutschland und Fundacion Retevision in Spanien.

Einmal mehr konnten Sebastião und ich auf die begeisterte Unterstützung unseres Freundes Alan Riding, des Kulturkorrespondenten der New York Times in Europa, zählen.

Ein besonderes Wort des Dankes geht an Jean Genoud, dessen Genoud Entreprise d'arts graphiques in Lausanne die Herstellung dieses Buches (wie schon der Bände *Arbeiter* und *Terra*) übernommen hat. Auch wenn wir inzwischen aus Erfahrung die hervorragende Qualität seiner Arbeit kennen, möchten wir ihm noch einmal besonders für seinen Rat und seine Freundschaft danken.

Schließlich bedanken wir uns bei unseren Söhnen Juliano und Rodrigo, unserer Schwiegertochter Chloé und unserem Enkelsohn Flavio für die Geduld, die Unterstützung und die Liebe, die sie uns in der langen Zeit der Arbeit an diesem Projekt entgegengebracht haben, einer Zeit, in der unser Blick nur allzu oft von der Familie abgelenkt und in die Welt hinaus gerichtet war.

Lélia Wanick Salgado
Amazonas Images, Verlagsleitung

I - Migranten und Flüchtlinge: Der Überlebensinstinkt

Seiten 21 bis 151

Migranten verlassen ihre Heimat meist voller Hoffnung, Flüchtlinge werden von ihrer Angst getrieben, aber sie alle sind Opfer von Kräften, die sich ihrem Einfluß entziehen: Armut und Gewalt.

Viele Migranten drängen in die Großstädte, und die ehrgeizigeren zieht es in die Vereinigten Staaten und nach Europa. Der Weg ihrer Reise ist lang und voller Gefahren, doch für Mexikaner, Marokkaner, Vietnamesen, Russen und viele andere ist der Traum von einem besseren Leben eine Kraft, die nicht so leicht erlahmt. Flüchtling wird man dagegen nicht aus freien Stücken. Kurden, Afghanen, Bosnier, Serben und Albaner wurden durch Kriege entwurzelt, und ebenso wie die Palästinenser, die seit Jahrzehnten in Flüchtlingslagern leben, sehnen sie sich oft danach, in ihre Heimat zurückzukehren. Aber für einige ist der Bruch mit der Vergangenheit endgültig: Aus Flüchtlingen werden Vertriebene, und aus Vertriebenen werden schließlich ebenfalls Migranten.

     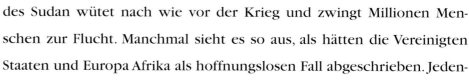

II - Afrikanische Tragödie: Kontinent der Entwurzelten

Seiten 153 bis 247

Afrika ist ein von Not und Hoffnungslosigkeit gezeichneter Kontinent; Armut, Hunger, Korruption, Gewaltherrschaft und Kriege haben den Völkern dort tiefe Wunden zugefügt. Dreißig Jahre nach meinem ersten Besuch hat sich die Lage fast überall auf diesem Kontinent verschlechtert. Mosambik ist eine Ausnahme: Der Bürgerkrieg ist nach Jahrzehnten endlich beendet, und Hunderttausende von Flüchtlingen konnten in ihre Heimat zurückkehren. Aber in Angola und im Süden des Sudan wütet nach wie vor der Krieg und zwingt Millionen Menschen zur Flucht. Manchmal sieht es so aus, als hätten die Vereinigten Staaten und Europa Afrika als hoffnungslosen Fall abgeschrieben. Jedenfalls haben sie wenig unternommen, um den Völkermord in Ruanda zu verhindern, dem 1994 eine Million Tutsi zum Opfer fielen. Die Unruhen breiteten sich dann von Ruanda nach Zaire aus, wo nun Hunderttausende von Hutu-Flüchtlingen zu Opfern der zentralafrikanischen Rassenpolitik wurden.

III - Lateinamerika: Landflucht und Chaos in den Städten

Seiten 249 bis 331

Die jüngste Geschichte Lateinamerikas wurde geprägt von der Abwanderung einer zigmillionenköpfigen Landbevölkerung in die städtischen Regionen. Fast immer treibt sie die Armut dazu, denn das beste Ackerland befindet sich im Besitz einer reichen Minderheit. Manche geben sich nicht geschlagen: Amazonasindianer kämpfen um ihre Stammesgebiete, Zapatistas darum, verlorenes Land im Süden Mexikos zurückzugewinnen, die brasilianische Bewegung der Landlosen besetzt trotz aller Repressionen privaten Landbesitz. Aber für die meisten ist die Schlacht bereits verloren: In den Dörfern im Hochland von Ecuador wohnen nur noch Frauen und Kinder, weil die Männer ausgewandert sind. Die Folge sind riesige, kaum noch zu verwaltende Metropolen wie Mexico City und São Paulo, in deren Randgebieten sich die von Migranten bewohnten Slums ausdehnen und selbst die Privilegierten in den Sog städtischer Gewalt geraten.

IV - Asien: Das neue urbane Gesicht der Welt

Seiten 333 bis 431

Die Flucht aus der ländlichen Armut hat Asien ein neues Gesicht verliehen. Die Großstädte ziehen die Landbevölkerung im indischen Staat Bihar, die Bauern der Philippineninsel Mindanao und die Fischer in Vietnam magnetisch an. Von Kairo bis Shanghai, von Istanbul bis Jakarta, von Bombay bis Manila hat die Migrationswelle (angeschwollen durch hohe Geburtenraten) Megastädte hervorgebracht, deren Größe nur in Mexico City und São Paulo eine Entsprechung findet. Aber in Asien hat sich die Veränderung noch abrupter vollzogen, Slums und elegante Bankenzentren schießen fast gleichzeitig aus dem Boden. Shanghai beispielsweise hat sich innerhalb eines knappen Jahrzehnts so verändert, daß es nicht wiederzuerkennen ist. Die Lebensbedingungen der Migranten werden immer schlechter, und doch glauben die meisten, daß sie einem besseren Leben einen Schritt näher gekommen sind.

I

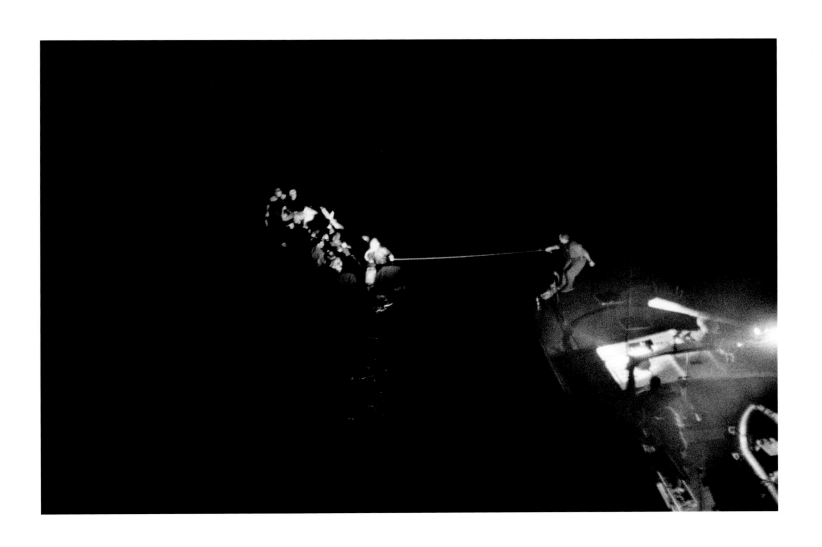

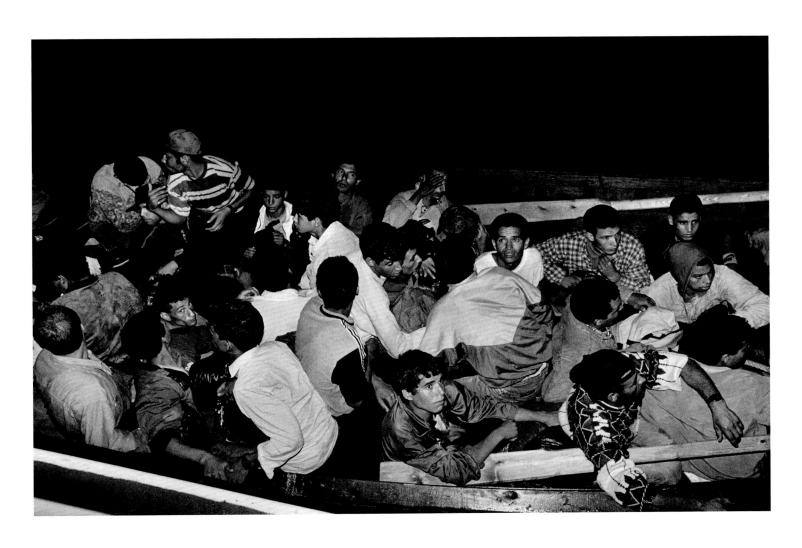

61

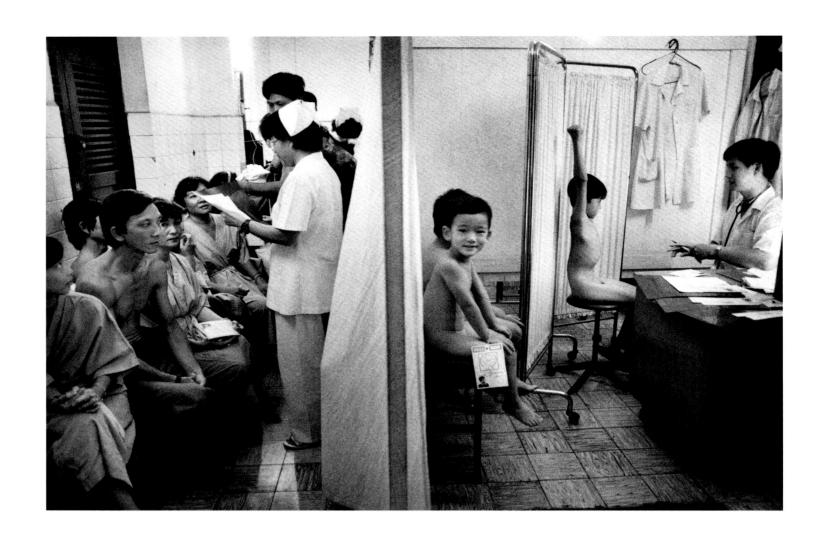

75

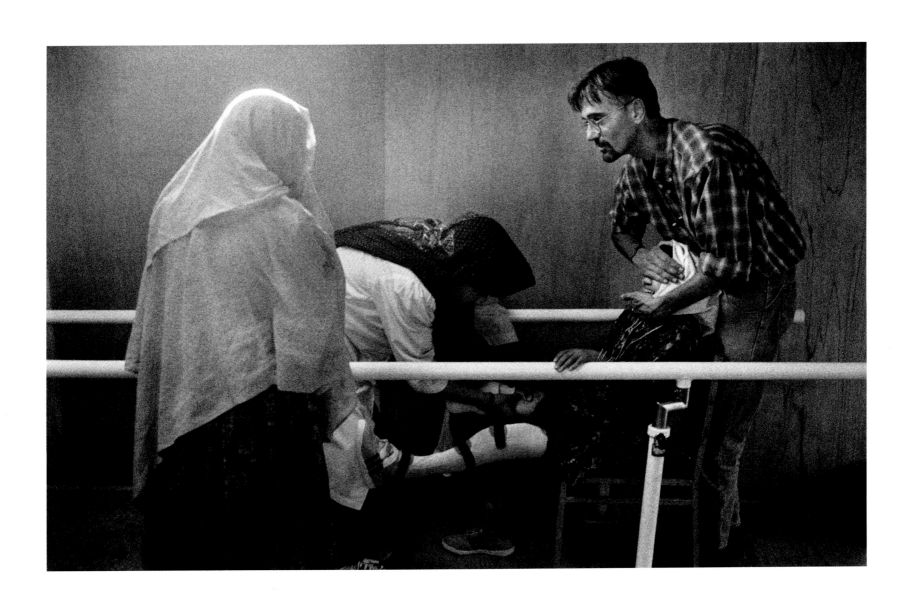

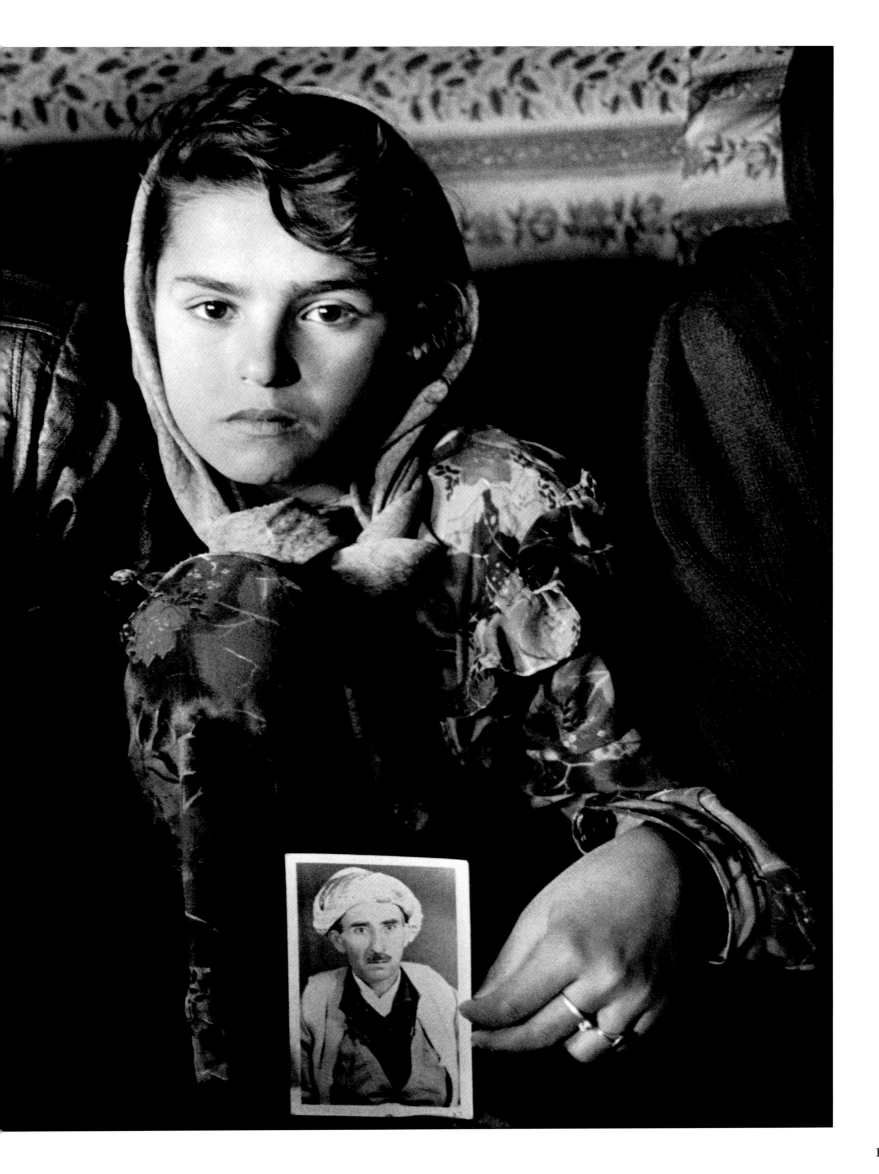

109

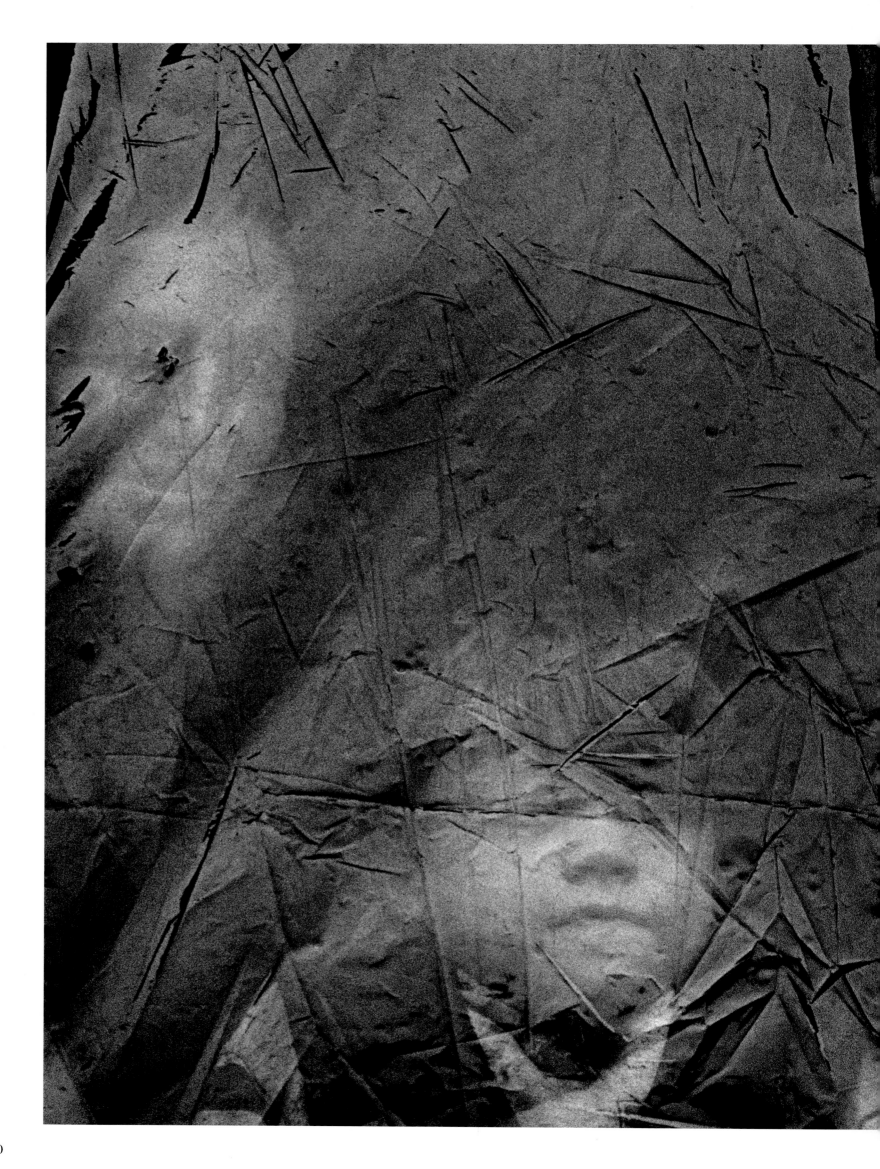

123

139

141

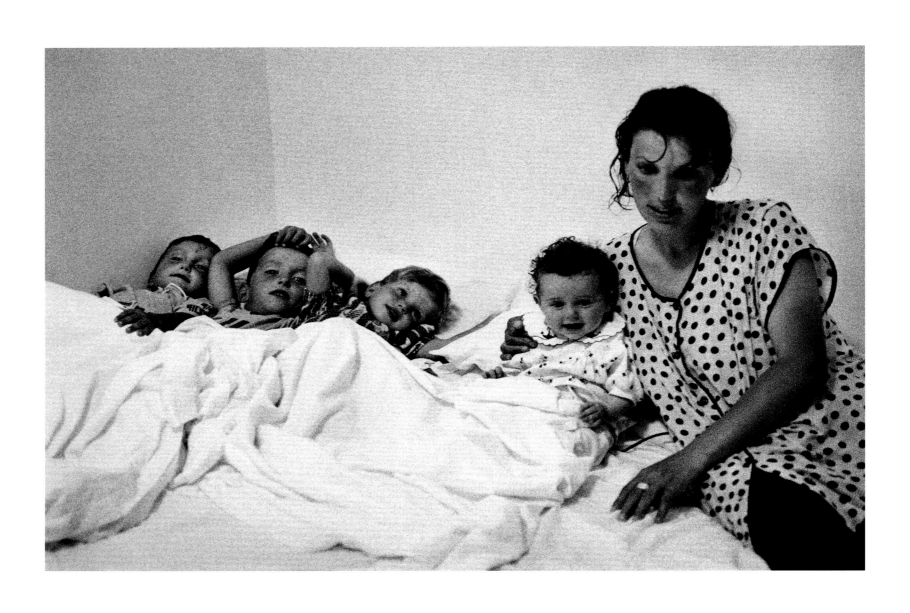

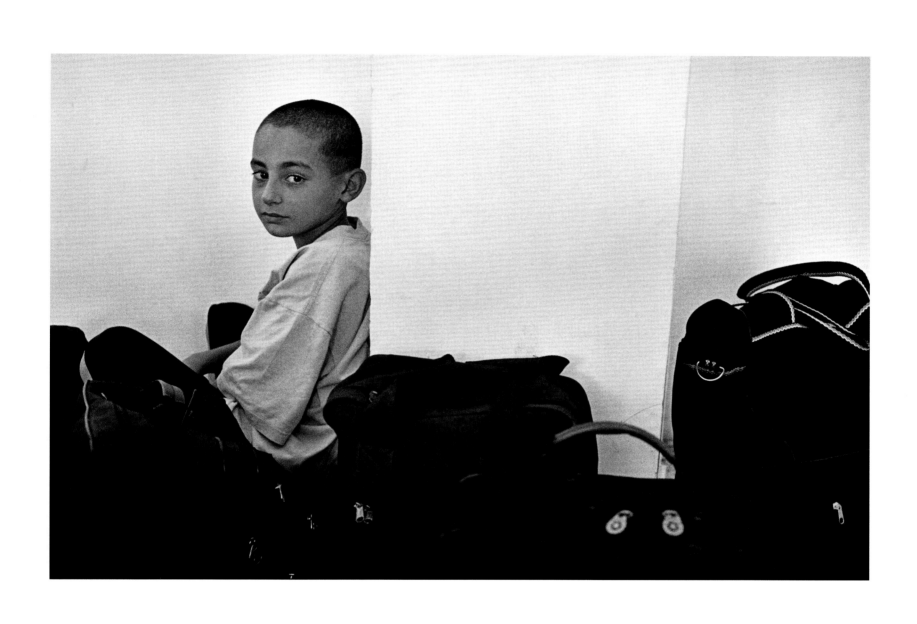

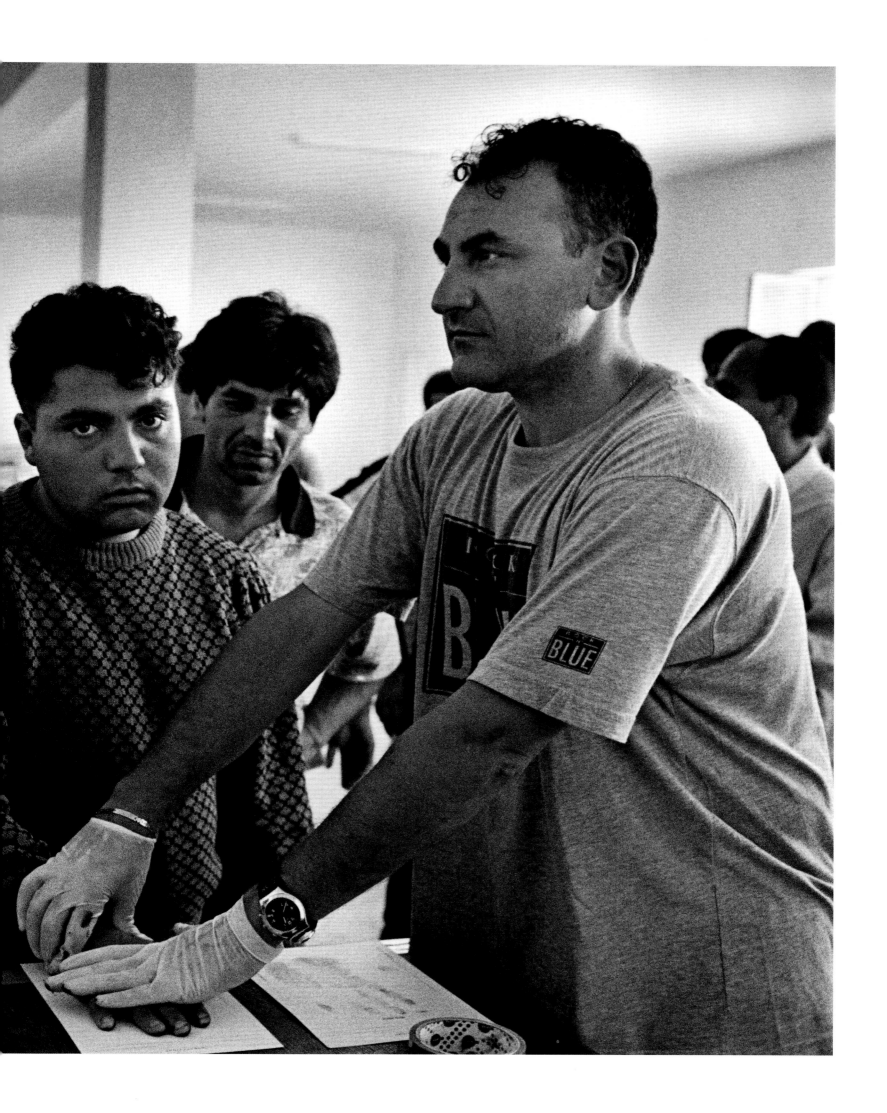

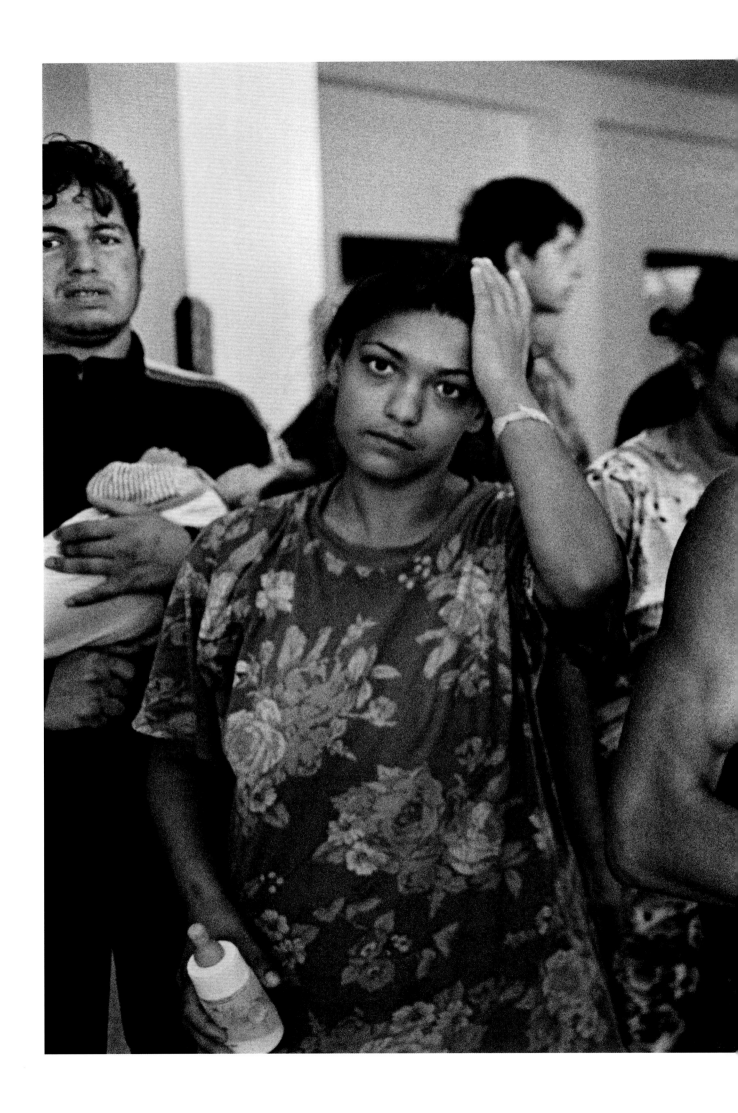

151

II

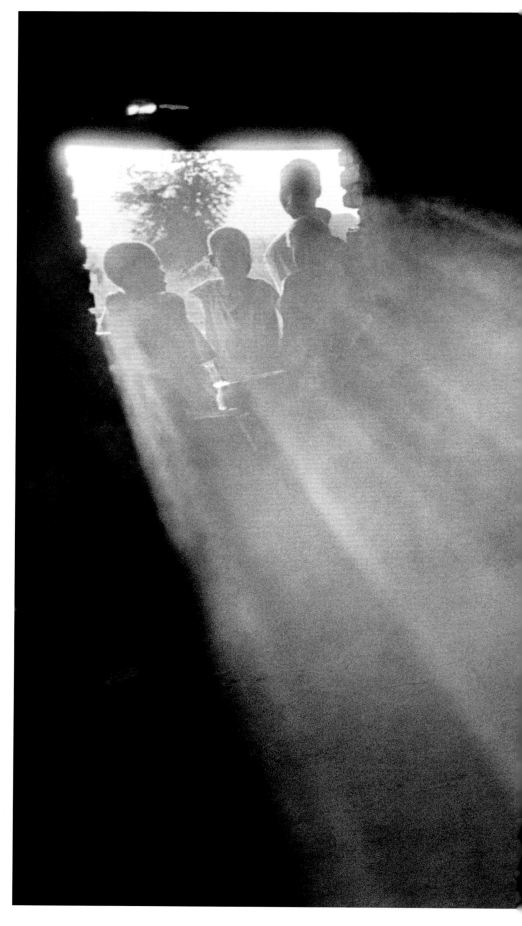

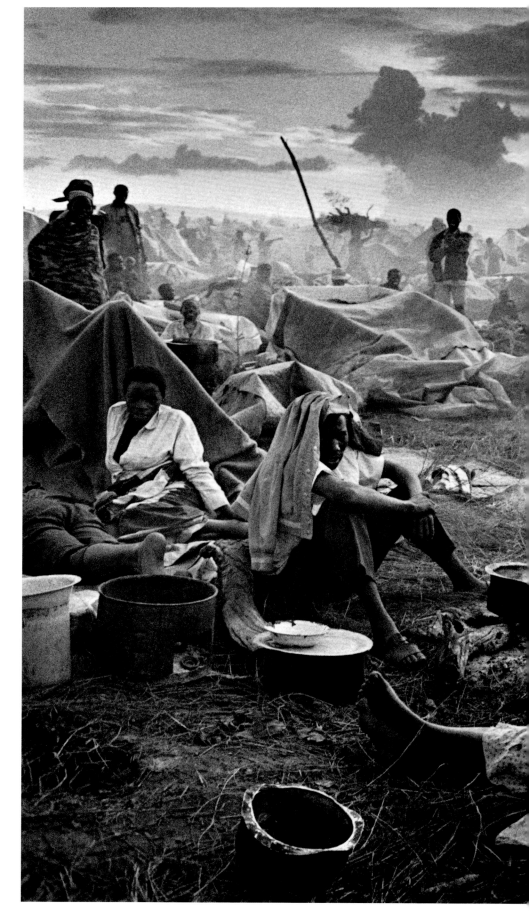

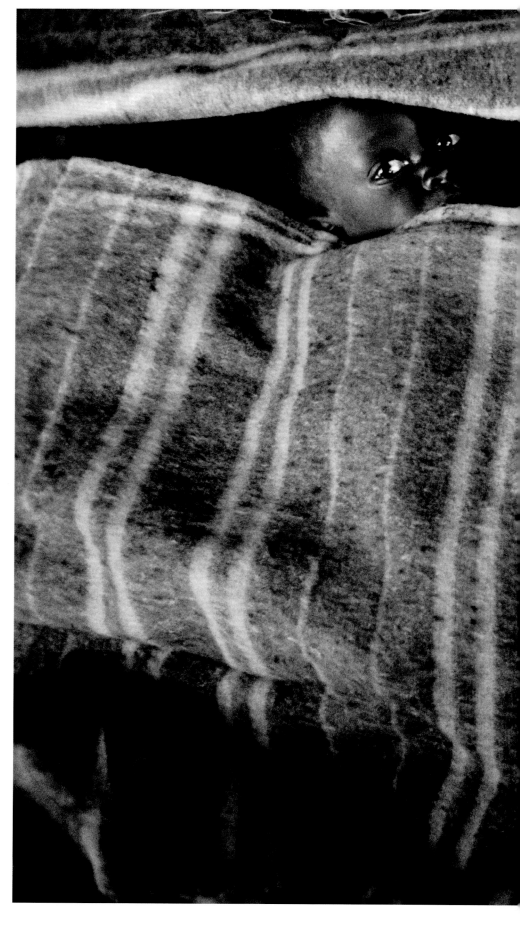

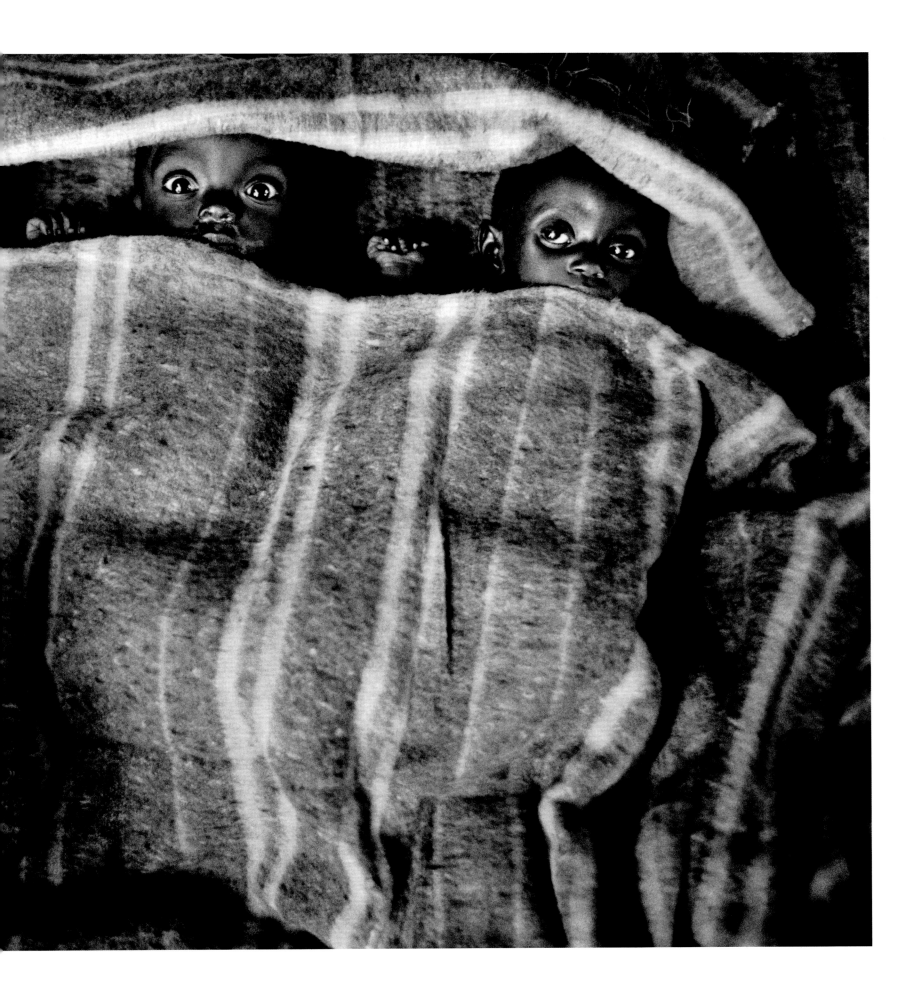

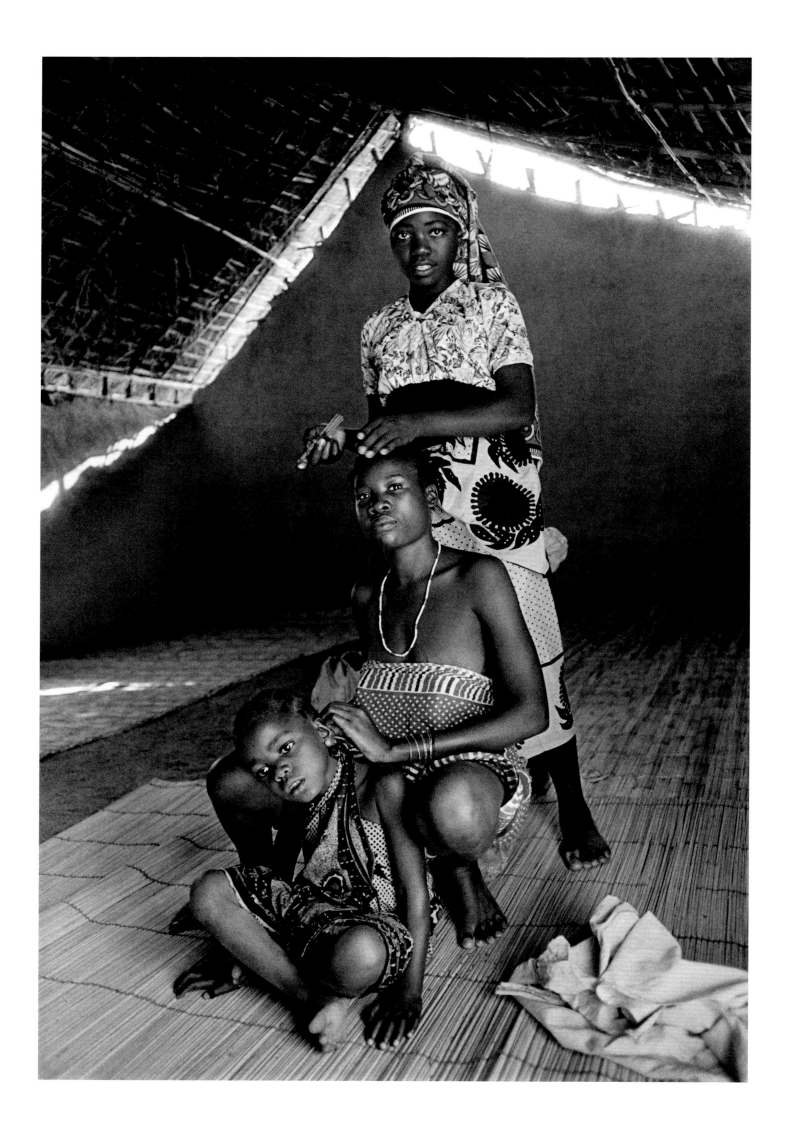

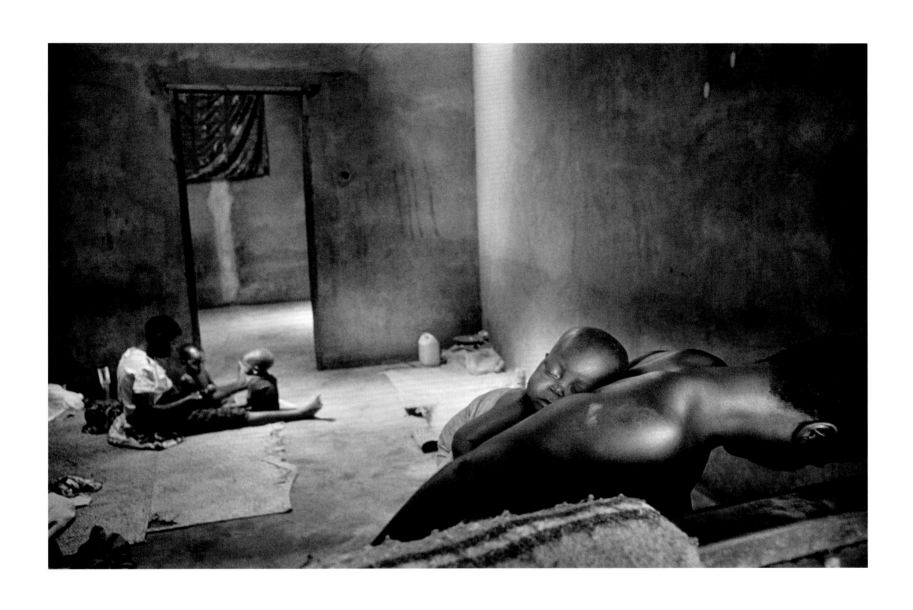

235

237

III

269

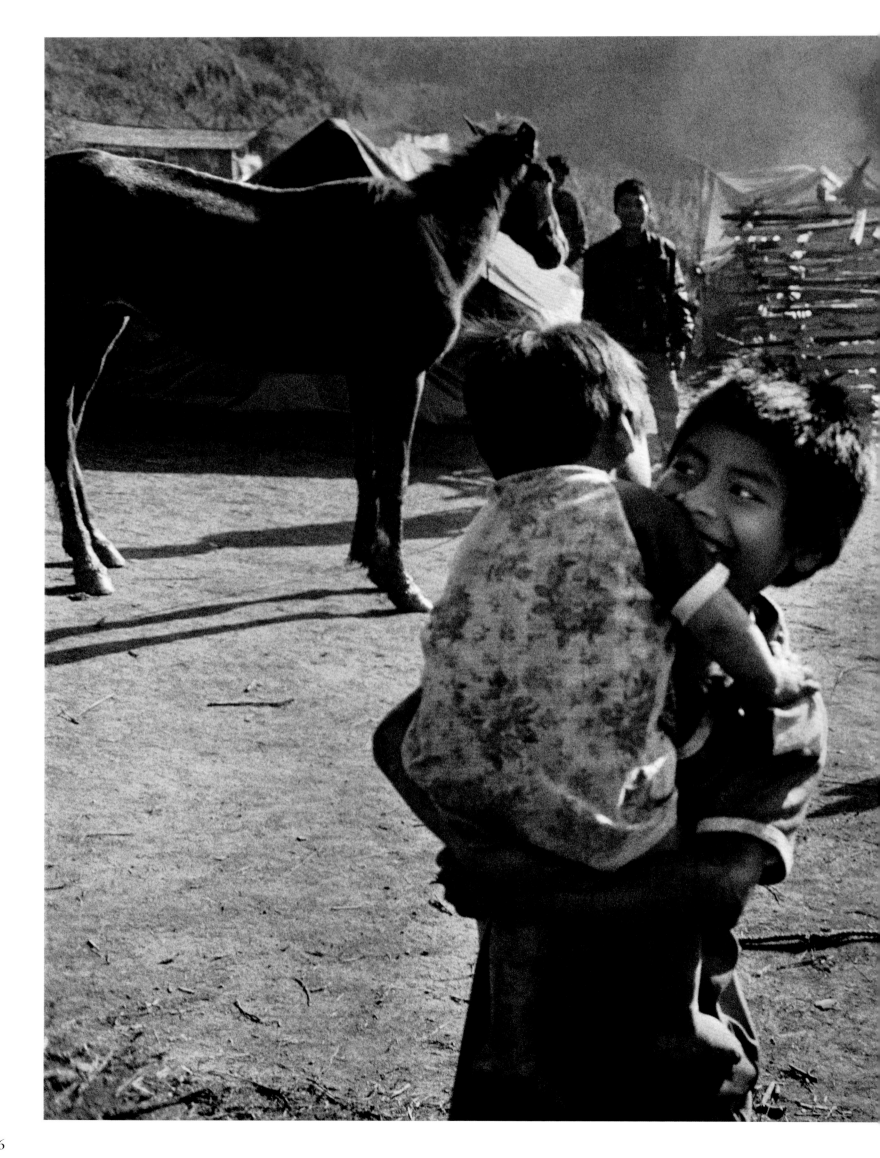

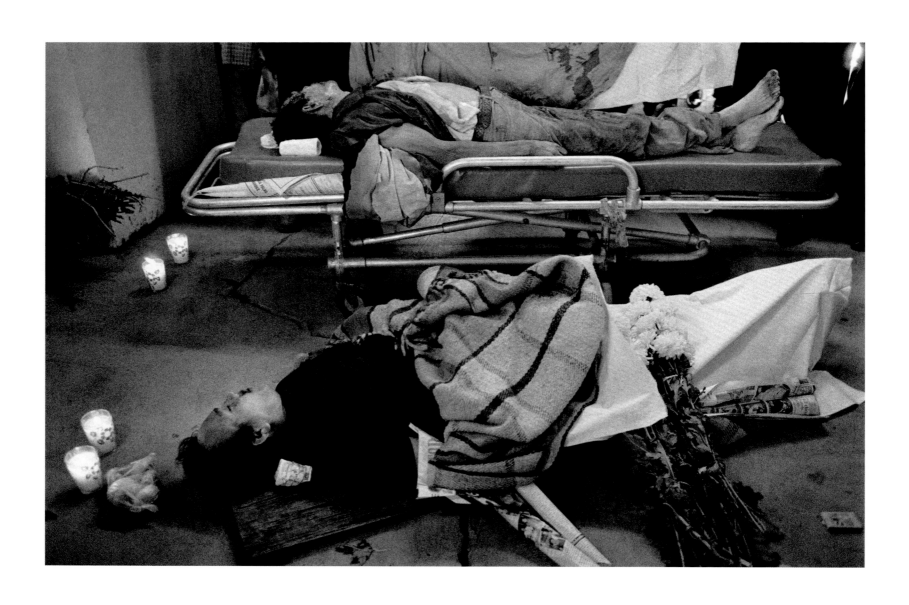

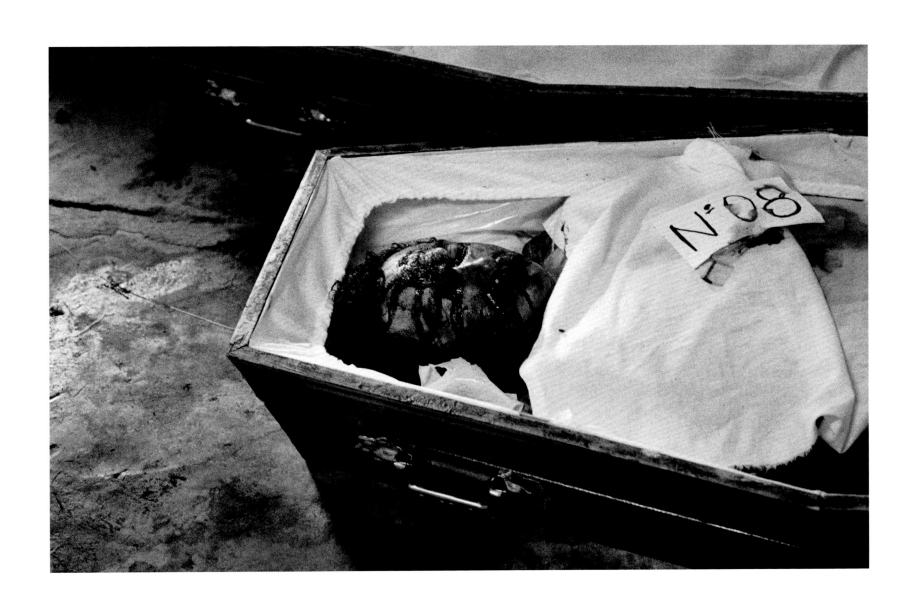

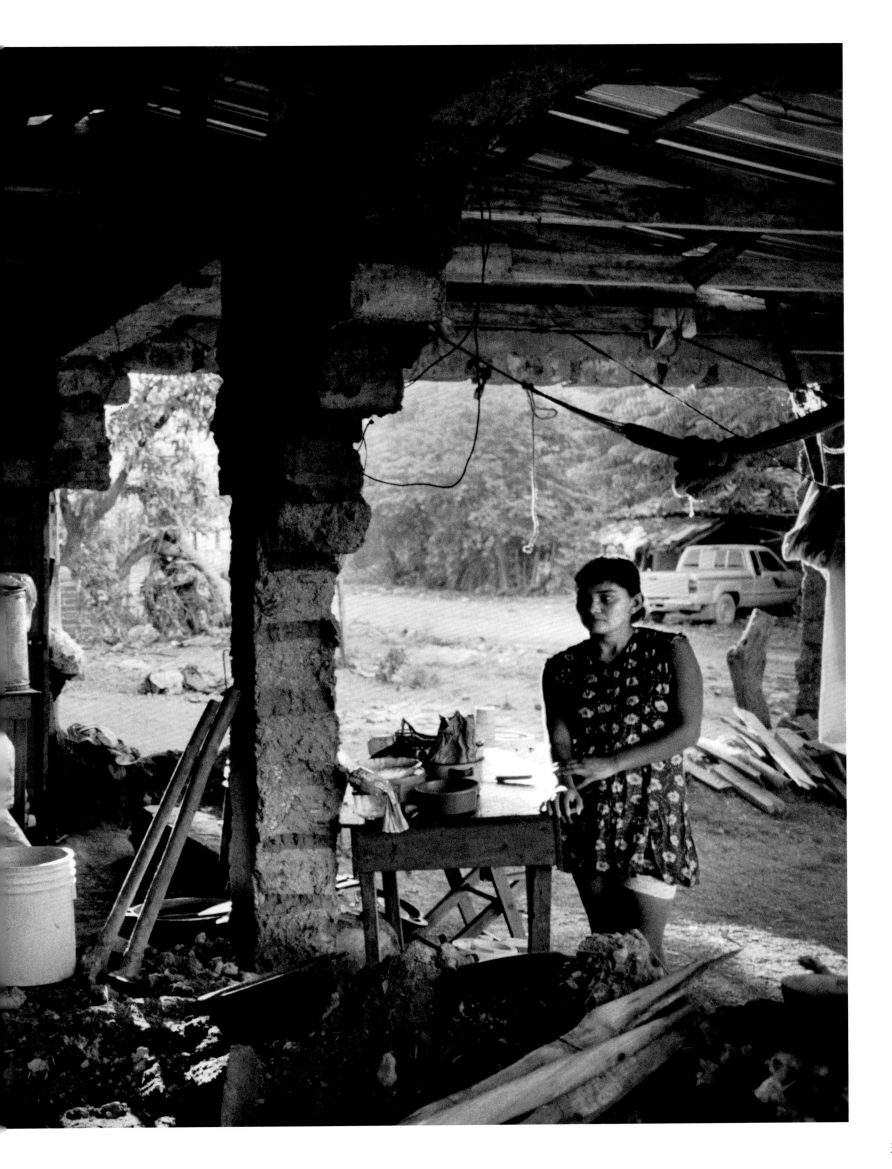

IV

347

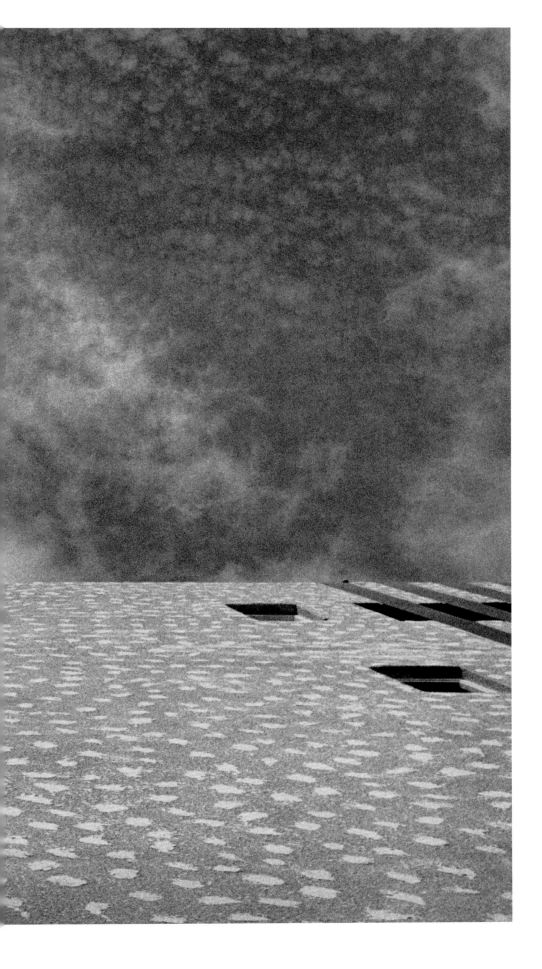

365

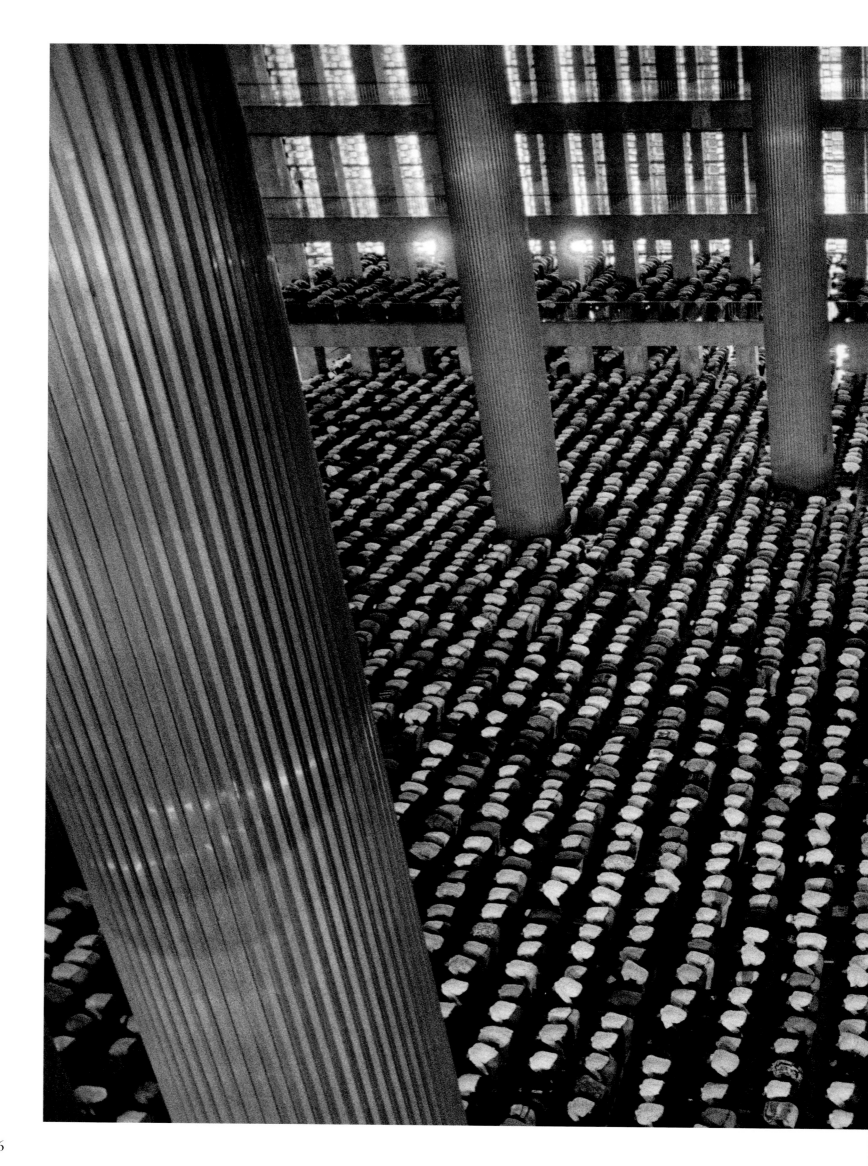

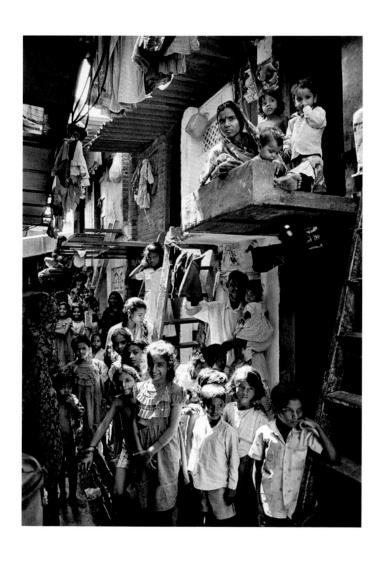

415